Ernst Probst

Joan Crawford - Der Filmstar mit den breiten Schultern

GRIN Verlag

Bibliografische Information der Deutschen Nationalbibliothek:

Die Deutsche Bibliothek verzeichnet diese Publikation in der Deutschen National-
bibliografie; detaillierte bibliografische Daten sind im Internet über http://dnb.d-
nb.de/ abrufbar.

Impressum:

Copyright © 2012 GRIN Verlag, Open Publishing GmbH
Druck und Bindung: Books on Demand GmbH, Norderstedt Germany
ISBN: 978-3-656-15931-5

Dieses Buch bei GRIN:

http://www.grin.com/de/e-book/190907/joan-crawford-der-filmstar-mit-den-breiten-
schultern

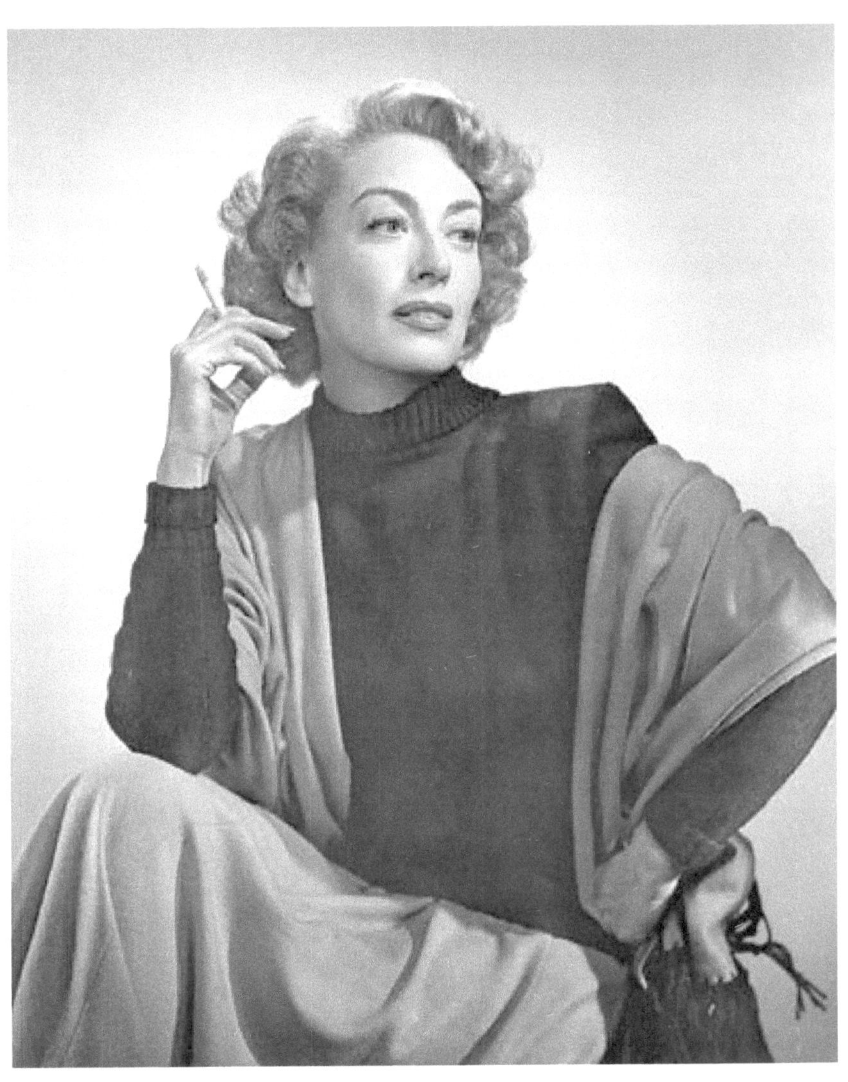

Joan Crawford (1905–1977) im Jahre 1948

Ernst Probst

Joan Crawford

Der Filmstar
mit den breiten Schultern

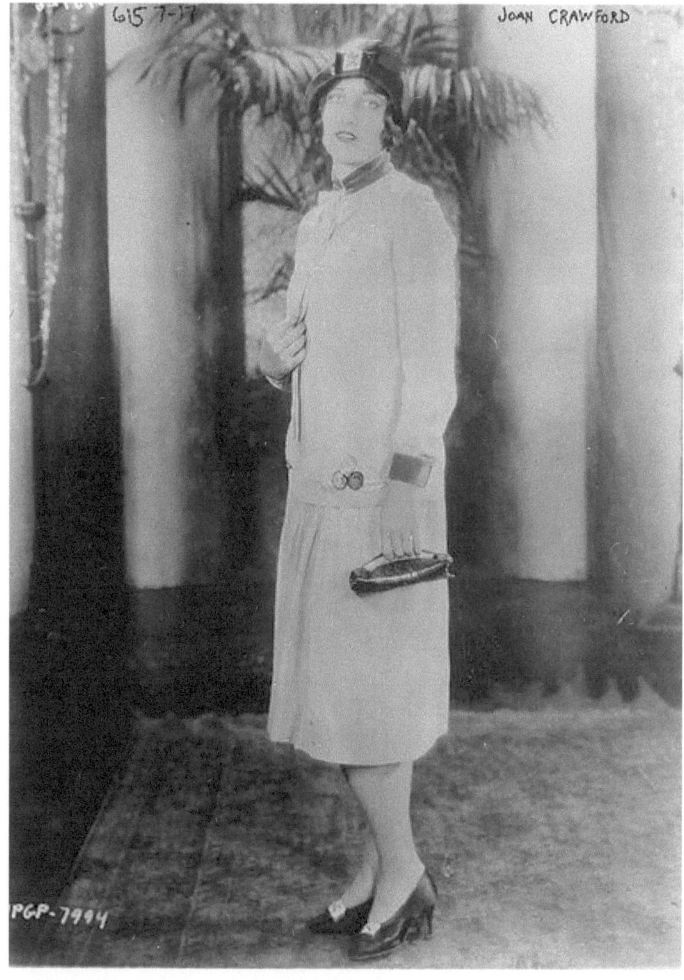

Joan Crawford am 2. August 1926

Joan Crawford

Der Filmstar mit den breiten Schultern

Ein großer Star auf der Kinoleinwand war die amerikanische Schauspielerin Joan Crawford (1905–1977) alias Billie Cassin, geborene Lucille Fay LeSueur. Insgesamt stand sie für mehr als 80 Filme vor der Kamera. Auf der Kinoleinwand vermittelte sie das Gefühl, Frauen könnten in einer Männerwelt durchaus Triumphe feiern. Als ihre „Waffen" im Beruf und im Privatleben galten ihre Augen, ihr Mund und ihr Schulterpolster.

Lucille Fay LeSueur kam vermutlich am 23. März 1905 in San Antonio (Texas) als jüngstes von drei Kindern von Thomas E. LeSueur (1868–1938) und Anna Bell Johnson (1884–1958) zur Welt. Die Angaben über ihr Geburtsjahr differieren und reichen von 1904 bis 1908. Nach eigenen Angaben soll 1908 ihr Geburtsjahr gewesen sein. Aber vielleicht war das nur ein bei Schauspielerinnen üblicher Trick, um sich einige Jahre jünger zu machen.

Der Vater soll seine Familie bereits unmittelbar nach der Geburt von Lucille verlassen haben. In manchen Biografien liest man, sie sei geboren worden, als ihre Eltern schon geschieden waren. Die Mutter zog nach der Trennung in den US-Bundesstaat Ohio.

In späteren Jahren äußerte sich die Schauspielerin kritisch über ihre Kindheit. Nach ihren Schilderungen war diese von Armut und emotionaler Vernachlässigung geprägt. Ihren Vater traf sie erst 1934 kurz während einer Drehpause wieder. Ihre Mutter beschrieb sie als antriebslose Frau, die von einer unglücklichen Beziehung zur nächsten wechselte. Ihre Beziehung zu ihrem rund ein Jahr älteren Bruder Hal, den sie manipulativ und faul nannte, war gespannt. Ihre Schwester Daisy starb in jungen Jahren.

Die Mutter heiratete nach ihrer Trennung von Thomas E. LeSueur einen Mann namens Henry J. Cassin, der in Lawton (Oklahoma) ein Varieté (Vaudeville-Theater) oder einen Kinematografen betrieb. In Lawton lebte die kleine Lucille, die damals „Billie Cassin" hieß, acht Jahre lang. Dort ging sie auch zur Grundschule. Als Sechsjährige erlitt sie einen Autounfall, bei dem fast ein Fuß verkrüppelt worden wäre.

Im Familienregister von Comanche County (Oklahoma) existiert ein Eintrag vom 20. April 1910, in dem das Ehepaar Henry und Anna Cassin mitsamt Kindern erwähnt ist. Darin wird das Alter von Lucille mit fünf Jahren angegeben. Weil es in San Antonio (Texas), dem Geburtsort von Lucille, vor 1908 keine Geburtsurkunden gibt, nimmt man an, das Lucille 1905 zur Welt kam.

1916 zog die Familie nach Kansas City, wo sich die Eltern 1917 scheiden ließen. Lucille besuchte zunächst die katholische Schule „St. Agnes Academy" und später eine andere Privatschule in Rockingham. Im Alter von 13 Jahren siegte sie bei einem Tanzwettbewerb in einem Café von Kansas City.

Dem Rat eines Bekannten folgend ging Lucille 1922 als Werkstudentin zum „Stephens College" in Columbia (Missouri). Bei der Einschreibung gab sie 1906 als ihr Geburtsjahr an. Sie belegte unter anderem Kurse in den Fächern Buchhaltung, Kurzschrift und Psychologie. Vom Rektor des „Stephens College", Dr. James Madison Wood („Daddy Woods"), erhielt sie den guten Rat, aus eigener Kraft die Dinge zu ändern, statt zu klagen. Laut eigenem Bekunden verdankte sie ihm erstmals das Gefühl, von anderen Menschen anerkannt und bewusst in ihren Ambitionen gefördert zu werden.

Da Lucille von einer Theaterkarriere träumte, verließ sie nach ungefähr einem Jahr – entgegen dem ausdrücklichen Rat von „Daddy Woods" – das „Stephens College". Sie kehrte nach Kansas City zurück und arbeitete dort einige Monate lang als Verkäuferin in einem Warenhaus, um ihre Tanzstudien zu finanzieren. Mitte 1923 schloss sich Lucille der Theatertruppe von Katherin Emerin an. Doch diese Truppe lockte wenig Zuschauer an und musste aufgeben.

Nach einem Streit mit ihrer Mutter verließ Lucille wieder Cansas City und versuchte nun ihr Glück als Sängerin und Tänzerin in Chicago (Illinois). Der Theateragent Ernie Young verschaffte ihr Auftritte in Oklahoma City

und in dem Tanzpalast „Oriole Terrace" in Detroit
(Michigan).
Durch einen Auftritt im „Oriole Terrace" in Detroit
fiel Lucille dem einflussreichen Produzenten Jacob J.
Shubert (1880–1963) auf. Dieser holte sie Anfang 1924
an den Broadway in New York City, wo sie im Chor seiner neuen Revue „Innocent Eyes" mitwirkte. Danach
sah man sie in weiteren Revuen von Shubert.
Während ihrer Zeit als Revuegirl schloss Lucille 1923
in New York City ihre erste Ehe mit dem Saxophonisten
James Welton. Diese Ehe endete bereits 1924 mit der
Scheidung. Sie verschwieg sie zu Beginn ihrer Film-
karriere.
Bei einem Auftritt in der Revue „The Passing Show of
1924" fiel dem Hollywood-Produzenten Harry Rapf
(1882–1949) das Talent von Lucille auf. Im Dezember
1924 unterschrieb sie einen Siebenmonats-Vertrag mit
dem neu gegründeten Filmstudio „Metro-Goldwyn-
Mayer" („MGM").
Im Januar 1925 stand Lucille im Studio von „MGM" in
Culver City (Kalifornien) erstmals vor der Filmkamera.
Ihr Debüt auf der Kinoleinwand feierte sie im Februar
1925 als Statistin in „Lady of the Night" mit Norma
Shearer (1902–1983). Ihren einzigen Auftritt, in dem
sie unter ihrem eigentlichen Namen Lucille LeSueur
mitwirkte, erlebte sie als Revuegirl in dem Drama „Pretty
Ladies" (1925) mit ZaSu Pitts (1894–1963). Anfangs
verdiente sie bei „MGM" 75 US-Dollar pro Woche.

Auf Lucille LeSueur wurde auch Louis B. Mayer (1885–1957), der Chef des Studios „MGM“, aufmerksam. Er kümmerte sich um ihr berufliches Weiterkommen und erschien ihr wie ein Vater. Mayer gefiel der Name seines weiblichen Schützlings nicht. Nach seiner Auffassung klang „Lucille LeSueur“ zu gewöhnlich. Aus diesem Grund ließ er im März 1925 ein Preisausschreiben in dem Fanmagazin „Movie Weekly“ durchführen, bei dem für Lucille ein griffiger Künstlername gefunden werden sollte. Dem Sieger bzw. der Siegerin winkten 1.000 US-Dollar als Lohn. Besonders gut kam bei „MGM“ das Pseudonym „Joan Arden“ an. Doch dann bemerkte man, dass mehrere Teilnehmer diesen Namen vorgeschlagen hatten. Weil man das Preisgeld nicht mehrfach auszahlen wollte, wählte man im September 1925 intern den Kompromiss „Joan Crawford“. Einen Monat später trat die Schauspielerin in dem Film „Old Clothes“ (1925) erstmals offiziell mit diesem neuen Namen auf.

Anfangs konnte sich Joan Crawford nur schwer mit ihrem Pseudonym anfreunden. Sie glaubte, der Name Crawford würde zu sehr nach Crawfish (zu deutsch: Krebs) klingen. Der mit ihr befreundete Schauspieler William Haines (1900–1973) prägt damals den Spitznamen Cranberry (zu deutsch: „Preiselbeere“) für sie, den sie jahrelang behielt.

Ende 1925 spielte Joan Crawford neben Constanze Bennet (1904–1965) und Sally O'Neill (1908–1968) eine erste größere Rolle in dem Film „Sally, Irene and Mary“.

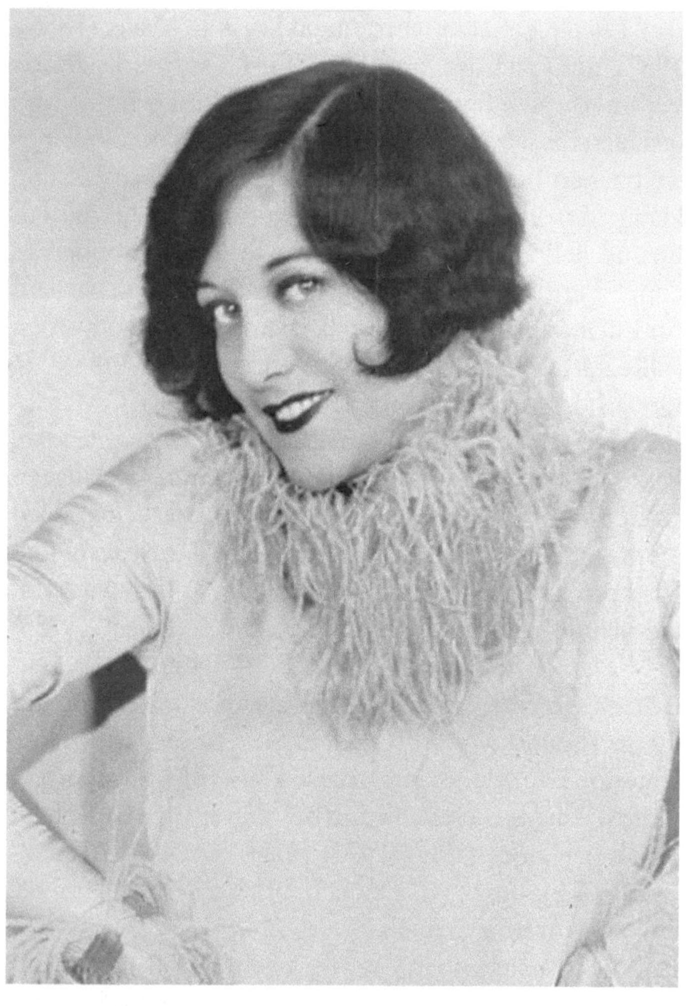

Joan Crawford am 12. März 1927

Dieser Streifen erzählte die Erlebnisse von drei Freundinnen, die als Revuegirls arbeiteten. Bennett heiratete einen reichen Mann. O'Neill ging zurück auf's Land, Crawford geriet immer an die falschen Männer und fand am Ende den Tod.

1926 wählte „WAMPASS", ein loser Zusammenschluss von Medienvertretern, Joan Crawford zu einem der so genannten „WAMPAS Baby Stars". Bei Letzteren handelte es sich um Starlets und Künstlerinnen, bei denen man das Potential für eine große Karriere vemutete.

In der Folgezeit spielte Joan Crawford abwechselnd Haupt- und Nebenrollen. Neben Harry Langdon (1884–1944) sah man sie in der Komödie „Tramp, Tramp, Tramp" 1926). Manchmal wirkte sie in Western wie „Winners of the Wilderness" (1927) und „The Law of the Range" (1928) mit. Aufstrebende Tänzerinnen verkörperte sie in „Paris" (1926) und „The Taxi Dancer" (1927).

Dass in Joan Crawford das Zeug zu einem Star steckte, wurde den Verantwortlichen des Filmstudios „MGM" erst mit deren Auftritt in „The Unknown" („Der Unbekannte", 1927) bewusst. Von da ab hat man sie gezielt gefördert. Eng arbeitete fortan der Hauptdarsteller Lon Chaney (1906–1973) mit Joan zusammen, die bis dahin keine Schauspielausbildung genossen hatte.

Der große künstlerische Durchbruch für Joan Crawford kam erst nach dem Stummfilm „Our Dancing Daugh-

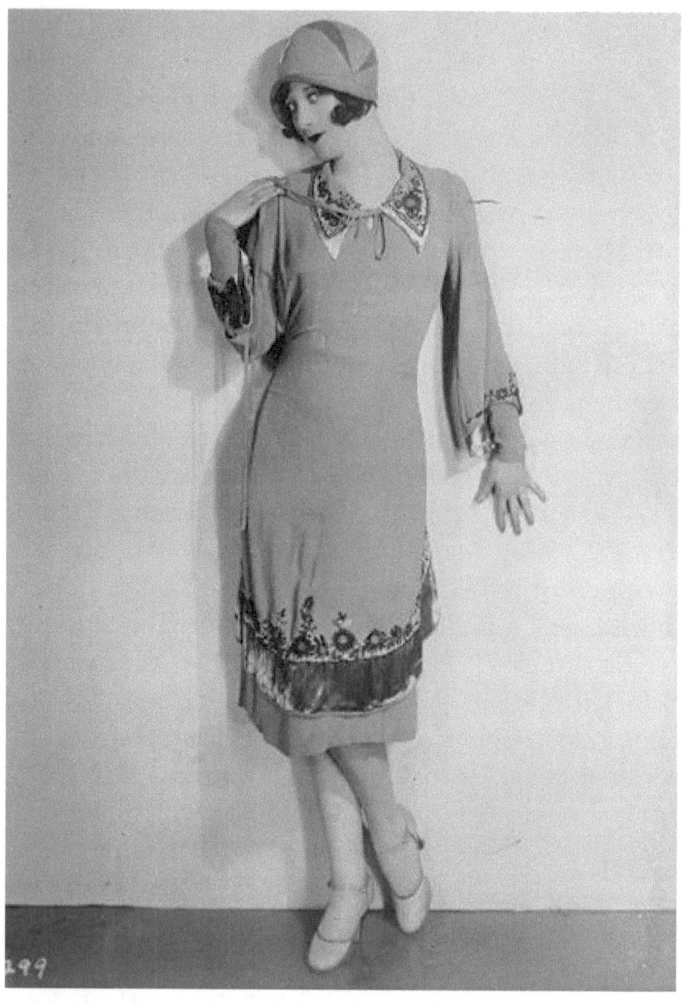

Joan Crawford am 29. April 1927

ters" (1928). Überzeugend spielte sie darin eine junge Frau namens Diana Medford aus der besseren Gesellschaft, die an vielen Feiern teilnahm. Unabhängige junge Frauen voller Lebenslust und mit einer gewissen Frivolität nannte man damals „Flapper". Gekonnt mimte Joan in diesem Streifen einen verzweifelten Nervenzusammenbruch und fand am Ende nach allerlei romantischen Verwicklungen in den Armen eines Mannes ihr Glück.

Der Schriftsteller F. Scott Fitzgerald (1896–1940) lobte Joan Crawford mit folgenden Worten: „Sie ist ohne Zweifel das beste Beispiel für einen Flapper, diese Art von Mädchen, die man in chicen Nachtclubs sieht, stets nach der neuesten Mode gekleidet. Sie halten eisgekühlte Drinks in der Hand und tragen einen zurückhaltenden, leicht verbitterten Gesichtsausdruck. Sie tanzen ausgelassen, lachen viel und haben große, traurige Augen. Junge Mädchen mit einem Talent zum Leben."

Die große Begeisterung des Kinopublikums bewog das Studio, für das Joan Crawford arbeitete, in der Werbung nun ihren Namen über dem Filmtitel anzukündigen. Dies galt als wichtiger Hinweis für den Status eines Schauspielers als Star.

1928 berichteten amerikanische Zeitungen oft über die Beziehung von Joan Crawford zu Douglas Fairbanks junior (1909–2000), den Stiefsohn der Schauspielerin Mary Pickford (1893–1979). Beide heirateten am 3. Juni 1929. Die zweite Ehe hielt bis zum 12. Mai 1933.

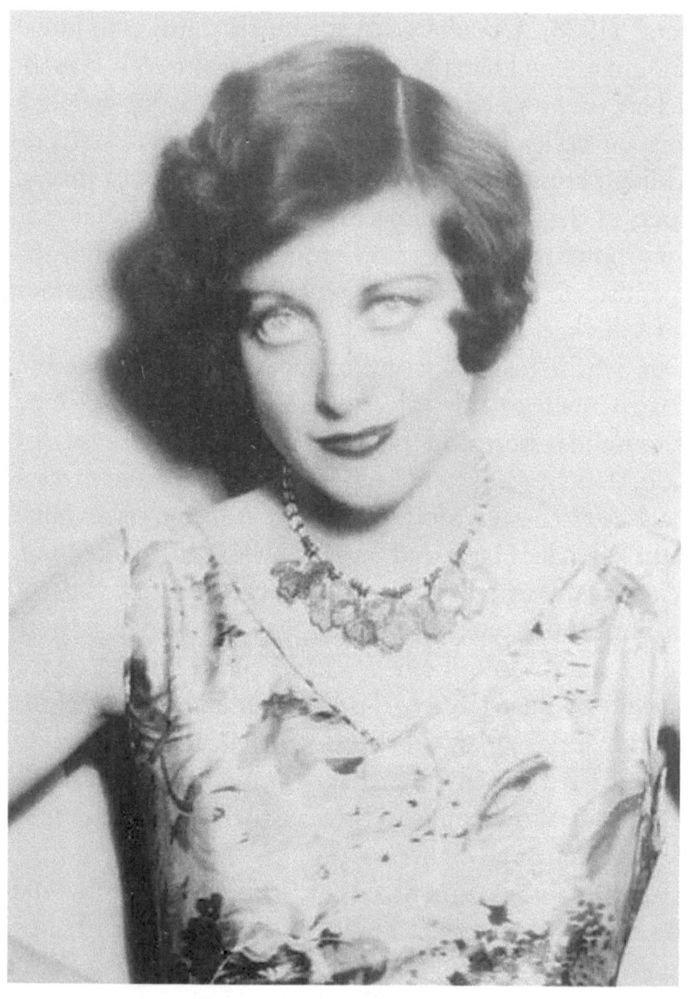

Joan Crawford am 26. September 1928

In „The Hollywood Revue of 1929" feierte Joan Crawford ihr Debüt im Tonfilm, der Mitte 1928 den Stummfilm endgültig verdrängt hatte. Dieser Streifen präsentierte eine lose Abfolge von Sketchen, Tanznummern und Gesangseinlagen ohne verbindenden Handlungsrahmen. Außer Greta Garbo (1905–1990) und Roman Navarro (1906–1973) traten alle Stars von „MGM" auf und bewiesen vor dem Mikrophon ihre Fähigkeiten zu Gesang und Sprache. Joan steuerte eine temperamentvolle Tanzeinlage bei und sang das Lied „I've got a Feeling for You". Etliche Kritiker lobten danach ihre Stimme.

Ab 1930 änderte das Filmstudio „MGM" das Image von Joan Crawford auf der Kinoleinwand. Die sich damals verschärfende Wirtschaftskrise bewirkte, dass die Rolle des Flappers als sorgloser, junger Frau ohne materielle Sorgen nicht mehr gut ankam. Fortan verkörperte Joan oft Arbeitermädchen, die den sozialen Aufstieg schafften. Sie selbst verleugnete in Interviews nie ihre eigene bescheidene Herkunft und ihre von Armut geprägte Kindheit.

In „Our Blushing Brides" (1930) verkörperte Joan Crawford eine Verkäuferin. Dieser Film handelte von drei Freundinnen. Er warf die Frage auf, ob in Zeiten wirtschaftlicher Unsicherheit moralische Standpunkte und Werte wie Tugend und Integrität Bestand haben können. Eine der drei Freundinnen wurde die Geliebte eines reichen Mannes, wurde von diesem verlassen und beging Selbstmord. Dagegen blieb die von Joan gespielte Freundin ihren Idealen treu und wurde am Ende von einem Millionär zum Traualtar geführt.

Kurz vor Drehbeginn des Filmes „Paid" (1930) profitierte Joan Crawford davon, dass die ursprünglich für die Hauptrolle vorgesehene Norma Shearer schwanger wurde und übernahm deren Part. In diesem Streifen spielte Joan eine Frau namens Mary Turner, die unschuldig im Gefängnis saß. Die erste Hälfte des Films war von Armut und Entbehrung geprägt. Nach der Entlassung aus dem Gefängnis dagegen konnte jene Mary Turner ihre gesellschaftliche Stellung verbessern, stieg zur Angehörigen der besseren Gesellschaft auf und trug nun teure Pelzmäntel, aufwändige Abendkleider und kostbaren Schmuck.

Als Fabrikarbeiterin aus dem Slums, die in die Großstadt geht und sich dort bis in die Spitzen der Gesellschaft „hochschläft", sah man Joan Crawford in „Possessed" („Alles für Dein Glück", 1931). Dabei mimte sie die Geliebte eines Politikers, der von dem Herzensbrechers Clark Gable (1901–1960) gespielt wurde. Bis 1940 drehten Joan Crawford und Clark Gable insgesamt acht Filme zusammen. Sie etablierten sich als eines der kommerziell erfolgreichsten Paare auf der Kinoleinwand der 1930-er Jahre.

Joan Crawford erlebte damals den Höhepunkt ihres kommerziellen Erfolges. Von 1932 bis 1936 gehörte sie alljährlich zu den ersten zehn Stars, deren Filme in den

Kinos gleichmäßig hohe Zuschauerzahlen erreichten. Aber in der internen Hierarchie des Filmstudios „MGM" rangierte sie hinter Greta Garbo und Norma Shearer. Doch bei „MGM" kursierte auch das Bonmot: „Shearer bekommt die A-Produktionen, Garbo ist für die Kunst zuständig und Crawford spielt das Geld für die Beiden ein."

In „Grand Hotel" („Menschen im Hotel", 1932) nach dem Roman von Vicki Baum (1888–1960) brillierte Joan Crawford als kokette Stenografin, die es mit ihrem Charme und ihrer Wirkung bei Männern schafft, ihre gesellschaftliche Stellung zu verbessern. Weitere Hauptrollen hatten Greta Garbo, Wallace Beery (1885–1949) sowie die Brüder John Barrymore (1882–1942) und Lionel Barrymore (1878–1954). Nicht wenige Kritiker meinten, Joan habe die beste Leistung geboten.

Joan Crawford machte sich auch als führende Stilikone und Trendsetterin in der Modwelt einen Namen. Ihre weiblichen Fans erwarteten von einem Film mit ihr jeweils eine kostspielige Garderobe, dementsprechend viele Kostümwechsel und ständig neue Frisuren. Ein weißes Kleid aus Organza und Chiffon, das Joan in dem Streifen „Letty Lynton" (1932) trug, wurde als Konfektion in das Sortiment großer Kaufhäuser übernommen und hunderttausendfach verkauft. Joan galt als eine der bestangezogenen Frauen der Filmindustrie. Manchmal wurde sie aber auch als „Kleiderständer" bekritelt.

Der Chefdesigner von „MGM", Gilbert Adrian (1903–1959), beschloss, die starken Schultern und breiten Hüften von Joan Crawford nicht länger zu kaschieren, sondern entsprechend einem Modetrend aus Paris sogar zu betonen. Die Schulterpolster, die Joan spätestens seit 1931 immer wieder trug, gingen in die Modegeschichte ein. Durch seine speziell auf Joan zugeschnittenen Modelle führte Adrian die Schulterpolster auf dem Massenmarkt ein.

Eine ideale Rolle verkörperte Joan Crawford in dem Film „Dancing Lady" („Ich tanze nur für Dich", 1933). Darin wurde der Aufstieg einer Tänzerin vom Vaudeville bis zum Star in Broadway-Revuen geschildert. Dieser Streifen bescherte dem Filmstudio einen Gewinn von rund 750.000 US-Dollar. Anfang 1934 unterschrieb Joan einen neuen Vertrag mit einer Laufzeit von drei Jahren. Anfangs betrug ihre wöchentliche Gage 6.500 US-Dollar, stieg dann aber auf 9.500 US-Dollar.

Mitte 1934 wurden die strengen Zensurregeln des so genannten „Production Code" verschärft und die Einhaltung der Vorschriften streng überwacht. Die Filmstudios mussten alle Drehbücher vorlegen und bei Verstößen teilweise kostspielige Änderungen vornehmen. Außerdem hat man alle Filme vor ihrer Veröffentlichung begutachtet. Nur wenn ein Streifen im Einklang mit den Forderungen des „Production Code" stand, durfte er in den Verleih kommen.

Wegen dieses Codes musste Joan Crawford erneut ihr Image auf der Kinoleinwand ändern. Bis 1933 sah man sie oft in Filmen in moralisch bedenklichen Situationen. Zum Beispiel beging sie ungestraft einen Totschlag durch Unterlassen oder führte ungeniert ohne Trauschein in aller Öffentlichkeit eine sexuelle Beziehung. Ab 1934 spielten die Filme von Joan Crawford meist in einem gehobenen sozialen Milieu und präsentierten sie in mit großem Aufwand produzierten Romanzen. Häufig hatte sie Liebesgeplänkel zwischen zwei Männern, fand aber am Ende doch das wahre Glück.

Auf Dauer schadete die inhaltliche Anspruchslosigkeit solcher Filme dem Ruf von Joan Crawford als ernstzunehmende Schauspielerin. Die Folge war, dass ihre Anziehungskraft an den Kinokassen allmählich nachließ. Gleichzeitig stiegen die Produktionskosten für einen Crawford-Film ständig an. Vor 1933 betrugen die Ausgaben für einen Streifen von ihr noch rund 320.000 US-Dollar. Ende der 1930-er Jahre waren es teilweise siebenstellige Produktionskosten.

1934 hatte Joan Crawford die meisten registrieren Fanclubs in den USA. Legendär war ihre Loyalität gegenüber ihren Fans, denen sie ihre Karriere verdankte. Ihr ganzes Leben lang beantwortete sie jeden einzelnen Brief an sie persönlich.

Vom 11. Oktober 1935 bis zum 11. April 1939 war Joan Crawford mit dem Schauspieler Franchot Tone (1905–1968), eigentlich Frederick Henry Kormann, verheiratet.

Ab Mitte der 1930-er Jahre trat Joan auf Anregung ihres zweiten Ehemannes regelmäßig in anspruchsvollen Radiosendungen auf. So in „Nora" von Henrik Ibsen (1828–1906) sowie in Stücken von Maxwell Anderson (1888–1959) und Eugene O'Neill (1888–1953). 1936 versuchte sie, ihr Rollenfach durch Auftritte in sozialkritischen Konversationsstücken zu erweitern. Doch ihre Fans waren davon nicht begeistert. 1938 hatte Joan eine berufliche Krise als Schauspielerin. Damals erschien ihr Name neben Katharine Hepburn, Marlene Dietrich, Mae West und Greta Garbo in einer Anzeige, in der die als so genanntes „Kassengift" („box-office poison) bezeichnet wurde. Den einzigen finanziellen Erfolg in jenem Jahr hatte sie in dem Film „Mannequin" (1938) zusammen mit Spencer Tracy. Darin spielte sie eine ambitionierte junge Frau, die aus den Slums zur Ehefrau eines Millionärs aufstieg.

Durch drei erfolgreiche Filme mit George Cukor (1899–1983) konnte Joan Crawford ihren ramponierten Ruf wieder aufpolieren: „The Women" („Die Frauen", 1939), „Susan and God" („Susan und der liebe Gott", 1940) und „A Woman's Face" („Die Frau mit der Narbe", 1941). Letzterer Streifen erzählte die Geschichte einer entstellten jungen Frau, die durch ihre Erfahrungen hart und zynisch geworden war und nach einer plastischen Operation erst wieder lernen musste, ihren Mitmenschen zu vertrauen. Für diesen Film hoffte Joan vergeblich, für den „Oscar" nominiert zu werden.

Mitte 1940 entschloss sich Joan Crawford, die selbst keine Kinder empfangen konnte, zur Adoption einer Tochter, der sie den Namen Christina gab. Später nahm sie noch drei weitere Kinder als ihre eigenen an: Christopher, Cynthia und Cathy. Anfang 1941 adoptierte sie einen Jungen, was von dessen leiblicher Mutter durch Gerichtsbeschluss einige Wochen später rückgängig gemacht wurde. Umklar ist, ob kurz danach eine weitere Adoption fehlschlug.

Am 21. Juli 1942 schloss Joan Crawford in Hidden Valley Ranch, Ventura County (Kalifornien) ihre dritte Ehe mit dem Schauspieler Philip Terry (1909–1993). Diese Verbindung endete am 25. April 1946.

Ende 1941 berichteten einige Fachzeitschriften, das Filmstudio „MGM" wolle seine Verträge mit Norma Shearer, Greta Garbo und Joan Crawford aufkündigen, weil sie zu teuer geworden seien. Joan bot Louis B. Mayer nach 18-jähriger Zusammenarbeit die Entlassung aus ihrem Vertrag an. Am 29. Juni 1943 wurde der Vertrag in beiderseitigem Einvernehmen aufgelöst. „MGM" zahlte Joan eine einmalige Abfindung von 100.000 US-Dollar.

Kurz danach unterschrieb Joan Crawford am 1. Juli 1943 beim Filmstudio „Warner Brothers" einen Vertrag über drei Filme für eine Gage von 500.000 US-Dollar. Zuvor hatte sie Angebote der Studios „Columbia" und „20th Century Fox" abgelehnt. Die Zusammenarbeit lief nicht so gut wie erhofft. „Warner Brothers" bot Joan zunächst nur Drehbücher an, die andere Stars abgelehnt hatten. Um eine Suspendierung durch das Studio zu vermeiden, ließ sich Joan von der Gehaltsliste streichen, bis eine Einigung über ein geeignetes Drehbuch erfolgte. In der anschließenden Wartezeit trat Joan nur als Gaststar in dem Revuefilm „Hollywood Canteen" (1944) auf. Während des Zweiten Weltkrieges war Joan sie in sozialen Organisationen tätig und nahm Opernstunden.

Ein sensationelles Comeback gelang Joan Crawford mit ihrer Titelrolle in dem Film „Mildred Pierce" („Solange ein Herz schlägt", 1945). Darin glänzte sie als ambitionierte Mutter, die aus Liebe für ihre Tochter den wirtschaftlichen und gesellschaftlichen Aufstieg von einer Kellnerin zur Betreiberin einer Restaurantkette schafft. Hierfür musste sie erstmals in ihrer Karriere Probeaufnahmen machen, bevor sie den Produzenten Jerry Wald (1911–1962) überzeugen konnte. Der Regisseur Michael Curtiz (1888–1962) wollte eigentlich Barbara Stanwyck (1907–1990) für diese Rolle, raufte sich dann aber mit Joan zusammen. Dieser Streifen spielte mehr als fünf Millionen US-Dollar ein und galt als erfolgreichste Produktion des Jahres für das Studio. Jean erhielt für ihre Rolle den „Oscar" als beste Hauptdarstellerin.

Eine ihrer besten Darstellungen bot Joan Crawford in „Possesed" („Hemmungslose Liebe", 1947). Hierfür wurde sie erneut für den „Oscar" nominiert, den aber

Loretta Young (1913–2000) für die „Farmerstochter"
erhielt.

Nach ihrer Mitwirkung in dem romantischen Melodrama „Daisy Kenyon" (1947) konnte Joan Crawford
mit ihrem Heimatstudio dank der finanziellen Erfolge
ihrer letzten Auftritte einen neuen Vertrag aushandeln,
der ihr eine Gage von 200.000 US-Dollar pro Film
garantierte.

Am Heiligen Abend 1949 berichtete eine landesweit in
den USA ausgestrahlte Radioshow über die Weihnachts-
feier im Haus von Joan Crawford. Deren Adoptivkinder
mussten sich dabei an das minutiöse Drehbuch halten
und vorher einstudierte Dialoge sprechen.

Weil ihr die Qualität der Drehbücher, die ihr das Studio
anbot, zu schlecht erschienen, kehrte Joan Crawford erst
in „Flamingo Road" („Die Straße der Erfolgreichen",
1950) auf die Kinoleinwand zurück. Danach spielte sie
Fauen, die den sozialen Aufstieg um jeden Preis schaffen
wollten und wegen ihrer Rücksichtslosigkeit am Ende
moralisch und gesellschaftlich scheiterten. Beispiels-
weise in dem Melodrama „The Damnned Don't Cry"
(„Im Solde des Satans", 1950).

Wegen immer schlechter werdender Drehbücher ver-
ließ Joan Crawford 1952 das Filmstudio „Warner
Brothers". Danach arbeitete sie als für verschiedene
Studios und erhielt nun nicht mehr feste Gagen auf
Wochenbasis, sondern wurde mehr oder minder am
Gewinn beteiligt. Auf diese Weise erzielte sie höhere

Gesamteinnahmen als bei einem festen Engagement.

In dem Thriller „Sudden Fear" („Maskierte Herzen", 1952) verkörperte Joan Crawford eine bekannte Bühnenautorin, deren Ehemann sie ermorden wollte. Für diese Rolle erhielt sie ihre dritte und letzte Nominierung für einen „Oscar". An künstlerischen Differenzen scheiterte die Mitwirkung von Joan als Karen Holmes in dem Kriegsfilm „Verdammt in alle Ewigkeit" (1943). Als Ersatz für sie sprang Deborah Kerr (1921–2007) ein. Weder künstlerisch noch finanziell ein Erfolg war der mit wenig Aufwand hergestellte Revuefilm „Torch Song" („Herzen im Fieber", 1953) von „MGM", in dem Joan mitwirkte.

Stets negativ äußerte sich Joan Crawford über den Westernfilm „Johnny Guitar" („Johnny Guitar – Wenn Frauen hassen", 1954), in dem sie die Hauptrolle hatte. Dieser Streifen wurde von „Republic Pictures" in einem heute veralteten Farbverfahren gedreht, weswegen die Bilder ausgesprochen künstlich wirkten.

Gezielte Indiskretionen aus ihrem Privatleben in der Skandalpresse kosteten Joan Crawford – nach eigener Meinung – die Hauptrolle in der Verfilmung des Broadway-Hits „The Country Girl" („Das Mädchen vom Lande", 1954). Schließlich übernahm Grace Kelly (1929–1982) die Hauptrolle als verlotterte Frau eines Alkoholikers und gewann damit den „Oscar" als beste Darstellerin.

Ein erneutes Comeback schaffte Joan Crawford dank der Loyalität ihrer treuen Fans in dem Film „Female on the Beach" („Das Haus am Strand", 1955). Darin mimte sie eine ältere Frau, die mit einem jüngeren Mann eine Beziehung eingeht. Der finanzielle Erfolg dieses Films verhalf ihr im selben Jahr zu einem lukrativen Vertrag über drei Streifen bei „Columbia Pictures", bei denen sie Mitwirkungsrechte bei der Auswahl der Drehbücher und bei der Besetzung der Rollen aushandeln konnte. Die drei Filme „Queen Bee" („Ehe in Fesseln", 1955), „Autumn Leaves" („Herbststürme", 1956) und „The Story of Esther Costello" („Esther Costello", 1957) wurden allesamt sorgfältig produziert und erwiesen sich als finanzielle und künstlerische Erfolge.

Während ihrer vierten Ehe mit dem Manager Alfred N. Steele, die am 14. Januar 1955 geschlossen wurde, zog sich Joan Crawford trotz vieler Angebote zeitweise aus dem Filmgeschäft zurück. Stattdessen kümmerte sie sich um Belange des Getränkeherstellers „Pepsi Cola" und hatte im Aufsichtsrat eine wichtige Rolle. Auch nach dem Tod vom Steele im Jahre 1959 setzte sie sich weiter für die Interessen von „Pepsi Cola" ein. Als erste Frau wurde Joan in den Aufsichtsrat der Firma gewählt und sorgte dafür, dass die Produkte von „Pepsi Cola" in ihren Filmen zu sehen waren.

An der Seite ihrer Intimfeindin Bette Davis (1908–1989) gelang Joan Crawford in dem Film „What Ever Hap-

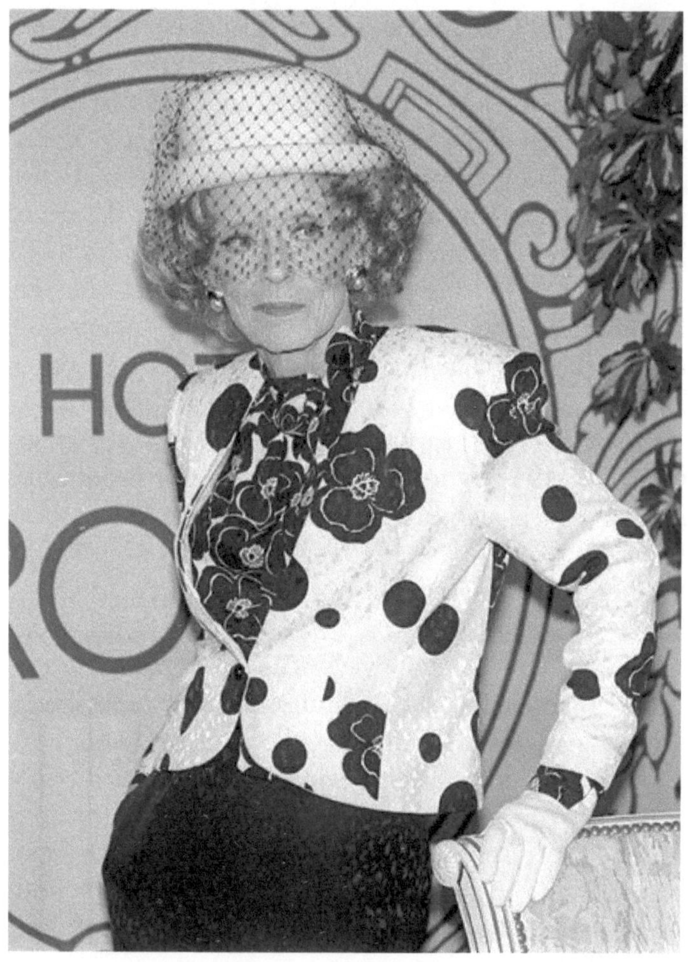

Bette Davis (1908–1989)

pened to Baby Jane" („Was geschah wirklich mit Baby Jane?", 1962) ein vielbeachtetes Comeback auf der Kinoleinwand. Zwei Jahre später misslang der Versuch, Bette und Joan in dem Streifen „Wiegenlied für eine Leiche" wieder zusammen auftreten zu lassen. Aus gesundheitlichen Gründen musste sich Joan aus dieser Produktion zurückziehen und Olivia de Havilland übernahm ihre Rolle.

Laut Online-Lexikon „Wikipedia" waren die nachfolgenden Filme von Joan Crawford ihrem Prestige und ihren schauspielerischen Fähigkeiten nicht angemessen. Ihr letzter Film hieß „Trog" („Das Ungeheuer", 1970). In ihrer Autobiografie „A Portrait of Joan" (1971) schilderte sie ihr aufregendes Leben.

Besonders geschickt war Joan Crawford im Umgang mit den Medien. Diese Fähigkeit bescherte ihr den Beinamen „Heilige Johanna der Fanmagazine". Über sich selbst sagte sie einmal: „Wenn du dir eine Position im Leben erarbeitet hast, dann sei stolz darauf. Versteck dich nicht. Ich will erkannt werden. Wenn ich die Leute „Joan Crawford" sagen höre, dann drehe ich mich um und sage „Hallo! Wie geht es Ihnen!" Überliefert ist auch folgender Ausspruch von ihr: „Wenn du ein Star sein willst, dann hast du auch wie ein Star auszusehen. Ich gehe niemals aus dem Haus, ohne wie der Filmstar Joan Crawford auszusehen. Wenn du das Mädchen von nebenan sehen willst, dann gehe nach nebenan."

Weil ihr keine lohnenden Filmangebote vorlagen, wirkte Joan Crawford in vielen Fernsehproduktionen mit. Bis zu ihrer unfreiwilligen Pensionierung 1972 reiste Joan als Repräsentantin von „Pepsi Cola" rund um die Welt. Mitte der 1970-er Jahre schaffte sie es, ihre jahrzehntelange Alkoholsucht, die sie damals nicht mehr geheimhalten konnte, erfolgreich zu bekämpfen.

Nachdem sie 1974 Pressefotos von sich sah, auf denen sie nach eigener Ansicht unvorteilhaft abgebildet war, zog sich Joan Crawford endgültig aus der Öffentlichkeit zurück. Ihre Karriere hatte fast ein halbes Jahrhundert lang gedauert. Keine andere Filmschauspielerin in Hollywood konnte so lang wie sie ihren Status als Star behaupten.

Die letzten Jahre vor ihrem Tod verbrachte Joan Crawford meistens in ihrem Apartment in New York City. In dieser Zeit hatte sie Konflikte mit zweien ihrer Adoptivkinder.

Joan Crawford starb am 10. Mai 1977 im Alter von 69 Jahren in New York City. Die Urne mit ihrer Asche wurde im „Ferncliff Mausoleum" in Hartsdale im US-Bundesstaat New York beigesetzt.

Die Adoptivtochter Christina Crawford veröffentlichte das umstrittene autobiografische Buch „Mommie Dearest" („Geliebte Rabenmutter" 1978) mit Kindheitserinnerungen. Darin schilderte sie ihre Adoptivmutter Joan Crawford als manipulative Frau, die ihre Kinder physischer und psychischer Gewalt aussetzte. Ihr Bruder

Christopher bestätigte diese Anschuldigungen im Kern. Dagegen verwahrten sich die Schwestern Cathy und Cindy energisch gegen diese Behauptungen. Das Buch von Christina Crawford wurde 1981 mit Fay Dunaway als Joan Crawford in der Hauptrolle von Frank Perry verfilmt. Dieser Streifen mit dem Titel „Mommie Dearest" gibt einen tiefen Einblick in das Leben von Joan.

Filme von Joan Crawford

1925: Lady of the Night (Auftritt als Statistin
1925: The Only Thing (Auftritt als Statistin)
1925: The Circle (Auftritt als Statistin)
1925: Pretty Ladies (Auftritt als Lucille LeSueur)
1925: Old Clothes (erster Auftritt als Joan Crawford)
1925: Sally, Irene and Mary
1926: Tramp, Tramp, Tramp
1926: Paris
1926: The Boob
1927: Winners of the Wilderness
1927: The Taxi Dancer
1927: The Understanding Heart
1927: Der Unbekannte (The Unknown)
1927: Twelve Miles Out
1927: Spring Fever
1928: West Point
1928: The Law of the Range
1928: Rose-Marie
1928: Pflicht und Liebe (Across to Singapore)
1928: Four Walls
1928: Our Dancing Daughters
1928: Dream of Love
1929: The Duke Steps Out
1929: The Hollywood Revue of 1929

1929: Moderne Mädchen (Our Modern Maidens)
1929: Untamed
1930: Montana Moon
1930: Great Day (Dreharbeiten nach wenigen Tagen
gestoppt)
1930: Our Blushing Brides
1930: Paid
1931: Irrwege des Lebens (Dance, Fools, Dance)
1931: Laughing Sinners
1931: This Modern Age
1931: Alles für Dein Glück (Possessed)
1931: Juwelenraub in Hollywood (The Stolen Jools)
(Gastauftritt als Joan Crawford, Kurzfilm für
karitative Zwecke)
1932: Menschen im Hotel (Grand Hotel)
1932: Letty Lynton
1932: Rain
1933: Today We Live
1933: Ich tanze nur für Dich (Dancing Lady)
1934: Sadie McKee
1934: In goldenen Ketten (Chained)
1934: Heirate nie beim ersten Mal (Forsaking All
Others)
1935: No More Ladies
1935: Wo die Liebe hinfällt (I Live My Life)
1936: The Gorgeous Hussy
1936: Love on the Run
1937: The Last of Mrs. Cheyney

1937: Die Braut trug Rot (The Bride Wore Red)
1938: Mannequin
1938: Brennendes Feuer der Leidenschaft (The Shining Hour)
1939: Tanz auf dem Eis (The Ice Follies of 1939)
1939: Die Frauen (The Women)
1940: Die wunderbare Rettung (Strange Cargo)
1940: Susan und der liebe Gott (Susan and God)
1941: Die Frau mit der Narbe (A Woman's Face)
1941: When Ladies Meet
1942: Ein Kuß zuviel (They All Kissed the Bride)
1942: Reunion in France
1943: Gefährliche Flitterwochen (Above Suspicion)
1944: Hollywood Canteen (Gastauftritt als Joan Crawford, Revuefilm für karitative Zwecke)
1945: Solange ein Herz schlägt (Mildred Pierce)
1946: Humoreske (Humoresque)
1947: Hemmungslose Liebe (Possessed)
1947: Daisy Kenyon
1949: Die Straße der Erfolgreichen (Flamingo Road)
1949: It's a Great Feeling (Gastauftritt als Joan Crawford)
1950: Im Solde des Satans (The Damned Don't Cry)
1950: Die Lügnerin (Harriet Craig)
1951: Goodbye, My Fancy
1952: This Woman Is Dangerous
1952: Maskierte Herzen (Sudden Fear)
1953: Herzen im Fieber (Torch Song)

1954: Johnny Guitar – Wenn Frauen hassen (Johnny Guitar)
1955: Das Haus am Strand (Female on the Beach)
1955: Ehe in Fesseln (Queen Bee)
1956: Herbststürme (Autumn Leaves)
1957: Esther Costello (The Story of Esther Costello)
1959: Alle meine Träume (The Best of Everything)
1962: Was geschah wirklich mit Baby Jane? (What Ever Happened to Baby Jane?)
1963: Frauen, die nicht lieben dürfen (The Caretakers)
1964: Die Zwangsjacke (Strait-Jacket)
1965: Es geschah um 8 Uhr 30 (I Saw What You Did)
1967: Die Karate Killer (The Karate Killers) (Nur in Europa in den Verleih gebracht)
1967: Zirkus des Todes (Berserk!)
1970: Das Ungeheuer (Trog)

Quelle: Wikipedia und Internet Movie Database

Literatur

BOCK, Hans Michael: Crawford, Joan. Aus: Lexikon filmschauspieler international, Band 1, A–K, S. 165–166, Reinbek bei Hamburg 1967
FEMBIO Frauen-Biographie-Forschung
http://www.fembio.org
INTERNET MOVIE DATABASE
(Film-Datenbank)
http://www.imdb.com
PROBST, Ernst: Superfrauen 7 – Film und Theater, Mainz-Kostheim 2001
PROBST, Ernst: Königinnen des Films, München 2012
PUBLIKUMSLIEBLINGE NICHT NUR VON GESTERN
http://www.steffi-line.de
WIKIPEDIA (Online-Lexikon) http://wikipedia.org
WINNERT, Derek (Herausgeber): Joan Crawford. Aus: Kino. Die große Welt der Filme und Stars, Niedernhausen/Taunus 1995

Bildquellen

Klaus Benz, Fotograf, Mainz-Laubenheim: 40

Library and Archives Canada
(Foto von Yousuf Karsh (1908–2002) von 1948): 1

Library of Congress, Print and Photographs Division,
George Grantham Bain Collection, Washington:
(Foto vom 2. August 1926): 6
(Foto vom 12. März 1927): 12
(Foto vom 29. April 1927): 14
(Foto vom 26. September 1928): 16

Roland Godefroy/CC-BY-3.0
(Foto vom Festival des amerikanischen Films bzw.
Festival du cinéma américain in Deauville (Normandie)
im September 1987): 28 (via Wikimedia Commons),
lizensiert unter CreativeCommons-Lizenz by-3.0-de
http://creativecommons.org/licenses/by/3.0/
legalcode

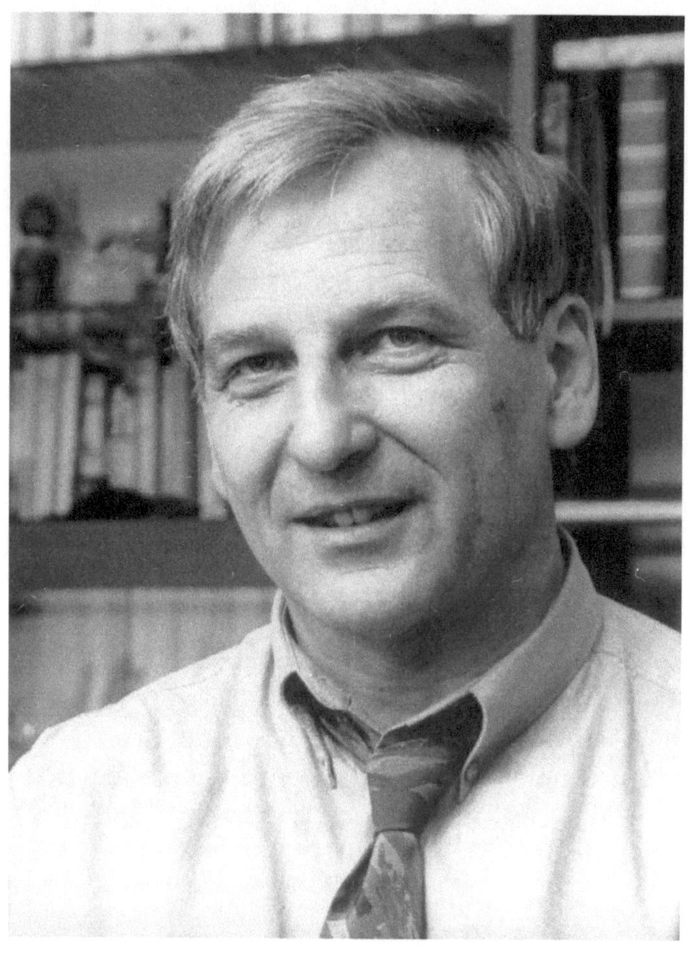

Autor Ernst Probst

Der Autor Ernst Probst

Ernst Probst, geboren am 20. Januar 1946 in Neunburg vorm Wald im bayerischen Regierungsbezirk Oberpfalz, ist Journalist und Wissenschaftsautor. Er arbeitete von 1968 bis 1971 als Redakteur bei den „Nürnberger Nachrichten", von 1971 bis 1973 in der Zentralredaktion des „Ring Nordbayerischer Tageszeitungen" in Bayreuth und von 1973 bis 2001 bei der „Allgemeinen Zeitung", Mainz. In seiner Freizeit schrieb er Artikel für die „Frankfurter Allgemeine Zeitung", „Süddeutsche Zeitung", „Die Welt", „Frankfurter Rundschau", „Neue Zürcher Zeitung", „Tages-Anzeiger", Zürich, „Salzburger Nachrichten", „Die Zeit", „Rheinischer Merkur", „Deutsches Allgemeines Sonntagsblatt", „bild der wissenschaft", „kosmos", „Deutsche Presse-Agentur" (dpa), „Associated Press" (AP) und den „Deutschen Forschungsdienst" (df). Aus seiner Feder stammen die Bücher „Deutschland in der Urzeit" (1986), „Deutschland in der Steinzeit" (1991), „Rekorde der Urzeit" (1992), „Dinosaurier in Deutschland" (1993 zusammen mit Raymund Windolf) und „Deutschland in der Bronzezeit" (1996). Von 2001 bis 2006 betätigte sich Ernst Probst als Buchverleger sowie zeitweise als internationaler Fossilienhändler und Antiquitätenhändler. Insgesamt veröffentlichte er rund 200 Bücher, Taschenbücher, Broschüren und E-Books.

Bücher von Ernst Probst

(Auswahl)

Als Mainz noch nicht am Rhein lag

Annie Oakley
Die Meisterschützin des Wilden Westens

Archaeopteryx. Der Urvogel
aus Bayern

Christl-Marie Schultes. Die erste Fliegerin in Bayern
(zusammen mit Theo Lederer)

Cortés und Malinche. Der spanische Eroberer
und seine indianische Geliebte

Der Europäische Jaguar

Der Mosbacher Löwe
Die riesige Raubkatze aus Wiesbaden

Der Rhein-Elefant
Das Schreckenstier von Eppelsheim

Der Schwarze Peter
Ein Räuber im Hunsrück und Odenwald

Der Ur-Rhein
Rheinhessen vor zehn Millionen Jahren

Deutschland im Eiszeitalter

Deutschland in der Frühbronzezeit

Deutschland in der Mittelbronzezeit

Deutschland in der Spätbronzezeit

Die Aunjetitzer Kultur in Deutschland

Die Straubinger Kultur in Deutschland

Die Singener Gruppe

Die Arbon-Kultur in Deutschland

Die Ries-Gruppe und die Neckar-Gruppe

Die Adlerberg-Kultur

Der Sögel-Wohlde-Kreis

Die nordische Bronzezeit in Deutschland

Die Hügelgräber-Kultur in Deutschland

Die ältere Bronzezeit in Nordrhein-Westfalen

Die Bronzezeit in der Lüneburger Heide

Die Stader Gruppe

Die Oldenburg-emsländische Gruppe

Die Urnenfelder-Kultur in Deutschland

Die ältere Niederrheinische Grabhügel-Kultur

Die Unstrut-Gruppe

Die Helmsdorfer Gruppe

Die Saalemündungs-Gruppe

Die Lausitzer Kultur in Deutschland

Die Dolchzahnkatze Megantereon

Die Dolchzahnkatze Smilodon

Die Säbelzahnkatze Homotherium

Die Säbelzahnkatze Machairodus

Die Schweiz in der Frühbronzezeit

Die Rhône-Kultur in der Westschweiz

Die Arbon-Kultur in der Schweiz

Die Schweiz in der Mittelbronzezeit

Die Schweiz in der Spätbronzezeit

Dinosaurier von A bis K. Von Abelisaurus
bis zu Kritosaurus

Dinosaurier von L bis Z. Von Labocania
bis zu Zupaysaurus

Eiszeitliche Geparde in Deutschland

Eiszeitliche Leoparden in Deutschland

Frauen im Weltall

Hildegard von Bingen. Die deutsche Prophetin

Malende Superfrauen
Meine Worte sind wie die Sterne

Die Entstehung der Rede des Häuptlings Seattle
(zusammen mit Sonja Probst)

Monstern auf der Spur
Wie die Sagen über Drachen, Riesen
und Einhörner entstanden

Neues vom Ur-Rhein
Interview mit dem Geologen und Paläontologen
Dr. Jens Sommer

Österreich in der Frühbronzezeit

Österreich in der Mittelbronzezeit

Österreich in der Spätbronzezeit

Pompadour und Dubarry. Die Mätressen
von Louis XV.

Raub-Dinosaurier von A bis Z.
Mit Zeichnungen von Dmitry Bogdanav
und Nobu Tamura

Zenobia von Palmyra.
Eine Frau kämpft gegen die Römer

Bestellungen bei: http://www.grin.com